H. G Sauer

Geschichte der deutschen evang.-luth. St. Pauls-Gemeinde zu Fort Wayne, Ind.

Vom Jahre 1837 bis 1887

H. G Sauer

Geschichte der deutschen evang.-luth. St. Pauls-Gemeinde zu Fort Wayne, Ind.
Vom Jahre 1837 bis 1887

ISBN/EAN: 9783743662278

Hergestellt in Europa, USA, Kanada, Australien, Japan

Cover: Foto ©ninafisch / pixelio.de

Weitere Bücher finden Sie auf **www.hansebooks.com**

Geschichte

der deutschen

evang.-luth. St. Pauls-Gemeinde

zu

Fort Wayne, Ind.,

vom Jahre 1837 bis 1887.

---•·•---

Zum fünfzigjährigen Jubiläum der Gemeinde

aufgezeichnet von

H. G. Sauer.

---•·•---

St. Louis, Mo.
Druckerei des Luth. Concordia-Verlags.
1887.

2052095

G. Walda. †

Ihren Kindern

gewidmet

von der

St. Pauls-Gemeinde.

Vorwort.

Bei der Aufzeichnung nachfolgender Geschichte der St. Pauls-Gemeinde habe ich, da ich erst seit dem Jahre 1875 an derselben stehe, teils mündlichen Berichten einzelner noch lebender Mitgründer der Gemeinde nacherzählt, teils habe ich aus dem von dem sel. Direktor J. C. W. Lindemann gezeichneten „Lebensbild des Hochwürdigen F. C. Wyneken" und dem „Lebenslauf Dr. W. Sihlers", sowie den Protokollen der Gemeinde geschöpft.

Mit Freuden habe ich mich dieser von der Gemeinde mir aufgetragenen Arbeit unterzogen, nicht nur um als „Gehilfe ihrer Freude" an meinem geringen Teil einen kleinen Beitrag zu ihrer Jubelfeier zu liefern, sondern um vor allen Dingen die Kinder der St. Pauls-Gemeinde durch das in dieser Geschichte vorgehaltene Bild von dem Glauben, dem Eifer, der Treue und Opferfreudigkeit der Väter für den Bau und die Erhaltung der lutherischen Kirche zu ermuntern, in die Fußstapfen derselben zu treten und ihrem Glauben nachzufolgen, damit durch Gottes Gnade ihm eine wahrhaft evangelisch=lutherische Gemeinde auch unter unseren Nachkommen erhalten bleibe, sie selbst aber, unsere Kinder, ihren Vätern nach gelangen zur großen Gemeinde aller Seligen und Auserwählten.

"Tretet auf die Wege und schauet und fraget nach den vorigen Wegen, welches der gute Weg sei, und wandelt darinnen, so werdet ihr Ruhe finden für eure Seelen." Jer. 6, 16.

Fort Wayne, Ind., den 25. September 1887.

H. G. Sauer.

Geschichte

der

ev.-luth. St. Pauls-Gemeinde

zu

Fort Wayne, Indiana.

I.

Erste Anfänge und Gründung der Gemeinde durch die Pastoren Hoover und Wyneken.

Es war am Sonnabend, den 14. Oktober des Jahres 1837, als eine Anzahl zum Teil erst vor kurzem eingewanderter Deutscher sich in einem Zimmer des Courthauses zu Fort Wayne versammelte und nach abgehaltenem Beichtgottesdienste durch Annahme der „Formula for the Discipline of the Evangelical Lutheran Church" (so wird die von der General-Synode im Jahre 1827 angenommene „Gemeinde-Ordnung sowie Synodal-Ordnung" in dem englisch geschriebenen ersten Protokoll genannt) die erste evangelisch-lutherische Gemeinde zu Fort

Wayne, zugleich die erste im ganzen Staate Indiana, gründete. Es waren 23 Familienväter und deren konfirmierte Familienangehörige, im ganzen 65 Personen, welche als Glieder der neugegründeten Gemeinde in das Kirchenbuch eingeschrieben wurden und am folgenden Tage das heilige Abendmahl genossen. Pastor der Gemeinde war Herr Jesse Hoover, Glied der lutherischen Pennsylvania=Synode; die ersten Beamten waren Adam Wesel und Heinrich Trier, Älteste, und Henry Rudisill und Konrad Nill, Vorsteher.

Dies kleine Häuflein von Deutschen, aus Lutheranern und Reformierten bestehend, ahnte damals gewißlich nicht, welchen wichtigen Schritt sie durch Gründung einer lutherischen Gemeinde thaten; sie wollten zunächst nur für sich und ihre Kinder durch Aufrichtung des Predigtamts Sorge tragen. Aber, wie die nachfolgende Geschichte der Gemeinde beweist, so war diese Gründung der ersten deutschen evang.=lutherischen Gemeinde zu Fort Wayne der Anfang einer Gnadenheimsuchung Gottes, welche nicht nur für die Lutheraner dieser Stadt und dieses Staates, sondern für die ganze lutherische Kirche dieses Landes von unaussprechlichem und unberechenbarem Segen werden sollte. Die 50jährige Geschichte der evang.=lutherischen St. Pauls=Gemeinde zu Fort Wayne stellt sich daher von ihren ersten Anfängen an als ein thatsächlicher und recht augenscheinlicher Beweis der wunderbaren Regierung Gottes in seiner Kirche dar.

Der Mann, welcher am meisten für die Entstehung einer lutherischen Gemeinde in dieser Stadt gethan hat und dessen Name die Glieder der St. Pauls=Gemeinde, ja, alle Lutheraner dieser Stadt auf Kind und Kindeskind in dankbarem Gedächtnis bewahren sollten, war Henry Rudisill. Derselbe, geboren in Pennsylvanien, dort schon Glied der lutherischen Kirche, war mit seiner Frau, einer Urenkelin des bekannten lutherischen Pastors Henkel, schon im Jahr 1829 nach Fort Wayne gezogen. Damals zählte Fort Wayne etwa 150 Einwohner, meistens Franzosen und Indianer. Rudisills waren die ersten Deutschen und auch die ersten Lutheraner, welche sich daselbst ansiedelten. Wie ärmlich es damals in dieser Gegend aussah, wie dünn besiedelt und fast gänzlich abgeschnitten von allem Handel und Verkehr mit der Außenwelt dieselbe war, geht unter anderem daraus hervor, daß Rudisills schon 9 Monate in Fort Wayne gewohnt hatten, ehe sie das erste Pfund Butter kaufen konnten. Federvieh gab's gar nicht, also auch keine Eier. Eine Kuh galt 7 Dollars, aber zu kaufen war keine; Frau Rudisills Vater mußte den jungen Leuten die ersten Kühe aus Ohio zuführen. — Im Jahr 1836 war die Einwohnerzahl auf etwa 500 gestiegen. Rudisill hätte sich nun wohl an eine der bereits bestehenden amerikanischen Sektenkirchen anschließen können; er war dazu auch mehrfach aufgefordert worden. Aber Rudisill war ein Lutheraner und wollte Lutheraner bleiben. Als daher nach und nach sich noch etliche andere Deutsche in der Umgegend von Fort Wayne niedergelassen hatten, wandte er sich wiederholt an die Emigranten=Kommission und zugleich an die Missions=Gesellschaft im Osten, mit der Bitte, man möchte doch neu eingewanderte Lutheraner in

die Gegend von Fort Wayne weisen. Und zwar that er
dies mit der ausgesprochenen Absicht, auf diese Weise an
diesem Orte die Gründung einer lutherischen Gemeinde
herbeizuführen. Durch seine Briefe lenkte denn Rudisill
auch in der That einen starken Strom deutscher Ein=
wanderer hierher, so daß er schon im Jahre 1836 in einer
lutherischen Zeitschrift im Osten die Bitte um Zusendung
eines evang.=lutherischen Pastors ergehen lassen konnte.
Aber nicht nur das geistliche Wohlergehen der Neueinge=
wanderten ließ Rudisill sich angelegen sein, sondern er
nahm sich ihrer auch im Leiblichen an. Er verschaffte
ihnen Arbeit, versorgte sie mit Lebensmitteln und stand
ihnen mit Rat und That bei. Wenn man sich nicht mehr
Rats wußte, so ging man zu Rudisill. Bei ihm fand
jeder stets ein offenes Herz und offene Hand.

Jene Bitte um einen Prediger las nun Pastor Hoover,
damals in Woodstock, Virginia, setzte sich in Korrespondenz
mit Herrn Rudisill und das Ergebnis derselben war, daß er
im Juli desselben Jahres nach Fort Wayne kam und seine
erste Predigt vor einer ansehnlichen Zuhörerschaft hielt.
Er blieb zwar nur 10 Tage; der Missionsposten erschien
ihm aber als ein so hoffnungsvoller, daß er versprach, so
bald als möglich zurückzukehren und das Amt eines luthe=
rischen Pastors dahier zu verwalten. Schon im Herbst
dieses Jahres kehrte er wieder und am 15. Januar 1837
wurde zum erstenmal das heilige Abendmahl gefeiert,
woran nach Ausweis des Kirchenbuchs der Gemeinde 63
Personen teilnahmen. Erst am 14. Oktober 1837 jedoch
schritt man zur Organisation einer Gemeinde. Mittler=

weile hatte er das ganze nördliche Indiana bereist, um
die hin und wieder zerstreuten Deutschen aufzusuchen und
auch ihnen das Brot des Lebens zu bringen. Da war er
denn auch nach Adams County, in die jetzt unter dem Na=
men Friedheim bekannte kleine Ansiedlung deutscher Luthe=
raner, gekommen und auch von diesen berufen worden.

So bediente denn Pastor Hoover abwechselnd die beiden
kleinen Gemeinden in Fort Wayne und Adams County.
Bequeme Landwege gab's damals noch nicht, dazu mußte
er die weiten Wege durch den Busch meist zu Fuß machen.
Einen großen Gehalt gab es damals eben so wenig; einen
regelmäßigen Gehalt gar nicht. Der Pastor nahm, was
die Leute ihm brachten. Geld war selten zu sehen; es
wurde fast nur Tauschhandel getrieben. Es kam vor, daß
in der ganzen Stadt kein Mehl zu finden war; dasselbe
mußte auf Ochsenwagen von Piqua, Ohio, gebracht wer=
den. In solchen Zeiten mußte man sich dann mit Korn=
mehl begnügen. Ein noch jetzt lebender Mitgründer der
Gemeinde erzählt, daß er in seiner Armut damals sich das
Korn auf einem Holzblock zu Mehl gestampft und das=
selbe dann, da er lange Zeit keinen Ofen besessen, sondern
nur einen offenen Feuerplatz gehabt habe, auf einem Brett
gegen das Feuer haltend, gebacken habe. Zwar war das
Land damals noch zu 1½ Dollars per Acker zu haben.
Aber dasselbe mußte erst geklärt werden. Im ersten Jahr
wurde etwa aus den Blöcken der gefällten Bäume eine
kleine Blockhütte gebaut, daneben konnten wohl auch etwas
Kartoffeln und Buchweizen gezogen werden. Dann aber
wurde wieder längere Zeit an dem damals im Bau be=

griffenen Kanal, der Fort Wayne mit Toledo verband, gearbeitet, damit der Ansiedler etwas Geld in die Hände bekam. Für jene harte Arbeit wurden aber nur 15 Dollars per Monat bezahlt und dies dazu noch in script, in Papiergeld, das gar oft nicht seinen vollen Wert hatte. Bei solchen gar ärmlichen Verhältnissen seiner Glieder konnte Pastor Hoover natürlich auch nicht in glänzenden Verhältnissen leben. So groß war die Armut der Leute, daß die junge Frau Pastorin, um den Haushalt zu versorgen, Kostgänger ins Haus nahm. Aber nichtsdestoweniger wartete Hoover mit großer Freudigkeit, unermüdlichem Eifer und seltener Selbstverleugnung seines mühevollen Amtes. Solange er in der Stadt sich aufhielt, gab er den Kindern seiner Gemeinde täglich Unterricht. Begab er sich auf eine seiner Missionsreisen, die sich nördlich bis nach Michigan hinein erstreckten, so hielt sein Bruder, David Hoover, für ihn Schule. Das ist also ein Charakterzug der St. Pauls-Gemeinde, den sie mit allen zur nachmals gegründeten Missouri-Synode gehörenden Gemeinden gemein hat, daß in ihr seit der Zeit ihrer Entstehung für christlichen Schulunterricht der Kinder Sorge getragen wurde.

Pastor Hoover, obwohl ein Pennsylvanisch-Deutscher, der wohl fließender englisch als deutsch reden konnte, predigte im ersten Jahr ausschließlich deutsch; im zweiten Jahr fing er an, zuweilen auch englisch zu predigen. Der Gottesdienst war sehr einfach. Von dem schönen alten lutherischen liturgischen Gottesdienst, wie ihn jetzt die Gemeinde hat, wußte man damals nichts. Der Pastor pre-

bigte ohne Chorrock; da nicht genug Gesangbücher vor=
handen waren, wurden die Lieder strophenweise vorgesagt
und dann erst gesungen; beim Abendmahl wurden weder
Lichter noch Hostien gebraucht. Die Predigt Pastor Hoo=
vers aber wird von den jetzt noch lebenden ersten Gliedern
unserer St. Pauls=Gemeinde als sehr erbaulich und an=
ziehend gerühmt, als die Predigt eines Mannes, dem man
es anhören konnte, daß es auch bei ihm heiße: „Ich glaube,
darum rede ich."

Leider starb Herr Pastor Hoover schon zwei Jahre
etwa nach seinem ersten Besuch in Fort Wayne, am
23. Mai 1838, in einem Alter von 28 Jahren, in Folge
einer Herzkrankheit, die er sich wahrscheinlich durch seine
aufreibenden Missionsreisen zugezogen hatte.

Doch schon im Herbst desselben Jahres kam der Mann
nach Fort Wayne, unter welchem nicht nur die lutherische
Gemeinde daselbst auf das herrlichste gedieh und innerlich
und äußerlich erstarkte, der nicht nur Vielen in Fort Wayne
und Umgegend „ein rettender Gottesbote wurde, so daß
heute noch Hunderte von Vätern und Müttern in Allen=,
Adams=, Noble=, DeKalb=, Whitley= und Marshall=County
seiner mit Dank gegen Gott gedenken", sondern der ein
Segen wurde für die ganze hiesige lutherische Kirche, näm=
lich der als Pionier der Missionare unter den deutschen
Lutheranern im Westen dieses Landes rühmlichst bekannte
und nachmals als langjähriger Präses der Missouri=Synode
hochgeachtete Pastor Friedrich Wyneken.

Vor kurzem erst in Amerika angelangt, um seinen geist=
lich verwahrlosten Brüdern in Liebe zu dienen, wurde der=

selbe von dem Missions-Komitee der Synode von Pennsylvanien beauftragt, die im Staate Indiana zerstreuten deutschen Protestanten aufzusuchen und unter ihnen Gemeinden zu sammeln. Da der Älteste der Gemeinde zu Fort Wayne, Adam Wesel, im Namen derselben, in der „Lutherischen Kirchenzeitung" den Tod ihres Pastors angezeigt und um Zusendung eines anderen Pastors gebeten hatte, so wandte sich Wyneken sofort nach dieser Stadt, besuchte die dortigen Glieder, predigte ihnen und taufte ihre Kinder. Alsbald forderte die Gemeinde ihn auf, bei ihr zu bleiben. Und als das Missions-Komitee der Pennsylvania-Synode ihn auf seine Anfrage aus ihrem Dienste entließ und ihm gestattete, die Gemeinden in und um Fort Wayne als berufener Pastor zu bedienen, so nahm er denn diesen Beruf auch an; aber er ließ es sich doch nicht nehmen, von hier aus die ausgedehntesten Missionsreisen nicht nur durch Indiana, sondern auch nach Ohio, ja, nördlich hinauf bis nach Michigan zu machen, Reisen, die oft 4—6 Wochen in Anspruch nahmen. Von den ungeheuren Mühseligkeiten, Strapazen und Widerwärtigkeiten, die dieser heldenmütige Gottesmann auf seinen Reisen mit Freuden erduldete, soll hier nicht geredet werden. (Ein noch lebendes Glied der Gemeinde aus jener Zeit erzählt, daß Wyneken, von solchen Reisen auf schlechten Wegen und oftmals bei schlechtem Wetter zurückkehrend, fröhlichen Muthes ein Lied laut singend oder pfeifend, so daß man ihn von weitem schon hören konnte, gar manches Mal bei ihm, der etwa 5 Meilen von der Stadt wohnte, eingekehrt sei und übernachtet habe.) Aber eine Schilderung der traurigen

kirchlichen Zustände unter den Deutschen jener Zeit aus Wynekens eigner Feder mag hier Aufnahme finden, da sie zugleich ein Licht wirft auf das unsägliche geistliche Elend, aus welchem Fort Wayne heraus gerissen, und auf den reichen Segen, der durch Wynekens treuen Dienst von Gott über die Gemeinden in Fort Wayne und Umgegend ausgeschüttet wurde. Die Schilderung findet sich in seinem Büchlein: „Die Not der deutschen Lutheraner in Nord-Amerika". Er berichtet darin also: „Nachdem ich einst bei fortwährendem Regen und Sturm umher geritten war, um im weiten Westen eine Ansiedlung, wovon ich gehört, aufzusuchen, begegnete ich endlich gegen Mittag einem Mann mit der Büchse über dem Arm; es war ein Deutscher. Ich gab ihm meinen Beruf als Missionar der Pennsylvanischen Synode zu erkennen, und daß ich bereit sei, in der Nachbarschaft zu predigen. Der Mann freute sich, nach sieben Jahren einen deutsch-lutherischen Prediger zu hören; auch hinsichtlich seiner Kinder war es ihm lieb, die nicht getauft waren. Als ich ihn aber bat, die im Wald umher wohnenden Nachbarn zu bescheiden, fand sich's, daß es für den Jäger, der doch eben aus dem Busch kam, im Busch zu naß sei. Als ich in ihn drang, hatte er keine Zeit, obgleich die nächste Hütte kaum eine halbe Stunde vom Wege ablag; er wies mich zu einem Hause am Wege. Die Mutter mit sechs oder sieben Kindern, klein und groß, kam hier vor die Thür; dieselbe Freude, derselbe Antrag, dieselbe Antwort; aber dort, hundert Schritt weiter, sei ihr Mann beim Holzhacken. Ich ritt hin, er sah kaum auf von der Arbeit und hatte eben so wenig Zeit, und ich, weil

ich nicht einmal jemand auftreiben konnte, der mich nur erst auf den Weg brachte, mußte bei einer Ansiedlung vorüberziehen, die seit sieben Jahren keine Predigt, keine Sakramente unter sich gehabt! Ein Hamburger, den ich bald darauf vor seinem Haus beschäftigt fand, ging ruhig mit einem ‚So‘ ins Haus, als er hörte, warum ich gekommen sei; er ließ mich im Regen draußen stehen. In einer Stadt am Wabash=Kanal mußte ich am Sonntag=Nachmittag die Männer selbst aus den Schnapsschenken herausholen, welches mir nur nach langem Hin=und=her=reden gelang, obgleich die meisten unter ihnen, solange sie in Amerika gewesen, noch keine deutsche Predigt gehört hatten und kein Englisch verstanden."

„Ich habe oft zwölf und mehr Kinder von dem verschiedensten Alter, oft von 10 bis 12 Jahren, auf einmal taufen müssen." — „In einer Ansiedlung, wohin, wie die Welt sagt, ich nur zufällig kam, hatte ich freilich die Freude, eine Mutter von 40 Jahren, nachdem ihr Mann seine zwei Kinder gebracht hatte, taufen zu dürfen, weil sie flehentlich und mit Thränen darum bat." — „Auch ein junges Mädchen von 18 Jahren taufte ich in derselben Ansiedlung, die gläubig war an den HErrn, die Wichtigkeit der Taufe aber noch nicht gewußt, auch die Gelegenheit dazu noch nicht gefunden hatte."

„In dem Kreis, den ich bediente, hatte ich zwei organisierte Gemeinden" (in Fort Wayne und Adams County), „die so ziemlich meine Zeit hinnahmen; dennoch konnte ich's nicht lassen, auf die vielen Aufforderungen auch anderen Ansiedlungen in den Wochentagen zu predigen.

Als Gemeinden konnte ich sie nicht annehmen, teils weil bei ihnen eine heidnische Unwissenheit herrschte, die erst überwunden werden mußte, teils weil ich die specielle Seelsorge bei ihnen aus Mangel an Zeit nicht zu übernehmen im stande war. Eine dieser Ansieblungen bestand aus einem Elternpaar, das zwar konfirmiert war, wovon aber die Frau nur wenig, der Mann gar nicht lesen konnte; ferner aus drei oder vier an Ungetaufte verheirateten Töchtern, einem Sohn von zwanzig Jahren, wenigstens zwölf jüngeren Kindern und Großkindern von 16 Jahren und drunter. Kein einziges von den Kindern und Großkindern konnte lesen. Obgleich ich wenigstens alle drei Wochen dort predigte, mich auch nach der Predigt mit ihnen von dem Wege der Seligkeit unterhielt, konnte ich dennoch durchaus nicht Zeit herausfinden, sie zu unterrichten, und so mußte ich eine ganze deutsche Ansieblung mit ihren Nachkommen vor meinen Augen in das Heidentum verfallen sehen, ohne helfen zu können. In einer anderen Ansieblung lebten wenigstens 16 pennsylvanisch-deutsche Familien, die zwar noch in Pennsylvanien getauft waren, nun aber mit ihren Kindern und Kindeskindern sichtbar ins Heidentum verfielen aus Mangel an Unterricht. Ebenso noch drei andere Ansieblungen, wo die Eltern schon zum Teil nicht mehr getauft, andere nicht konfirmiert waren, und obgleich die Eltern mich mit Thränen baten, ich möchte doch kommen, um ihre Kinder, selbst die verheirateten, zum heiligen Abendmahl vorzubereiten, so mußte ich es ihnen ebenso mit Thränen abschlagen, und konnte ihnen nur versprechen, sie dann und

wann zu besuchen, und sie auf das Gebet um Hilfe von Deutschland hinweisen."

So traurig sah es vor 50 Jahren in der Umgegend von Fort Wayne aus. Eine solche fast heidnische Finsternis herrschte da, wo Gott das helle Licht des Evangeliums hoch auf den Leuchter stellen wollte. So verwüstet und verwildert war der Acker, auf welchem der HErr selbst durch die reine Predigt seines Evangeliums sich einen Garten Gottes bauen wollte. Wenn wir daher jetzt nach 50 Jahren auf die unsägliche geistliche Not jener Zeit zurückblicken, so müssen wir im vollen Genusse des seligmachenden Evangeliums, das dieser unserer Gemeinde ein halbes Jahrhundert in unvermindertem Glanze geleuchtet hat und noch leuchtet, ausbrechen in die Worte des Psalmisten: „Jauchzet dem HErrn, alle Welt. Dienet dem HErrn mit Freuden, kommt vor sein Angesicht mit Frohlocken. Er kennet, daß der HErr Gott ist. Er hat uns gemacht, und nicht wir selbst, zu seinem Volk, und zu Schafen seiner Weide."

Aber noch mehr! Daß Gott gerade Wyneken als Nachfolger Hoovers nach Fort Wayne führte, muß als eine sonderliche Gnadenführung Gottes hoch gerühmt und gepriesen werden. Wäre statt Wynekens wieder ein Mann aus Pennsylvanien in die Arbeit Hoovers eingetreten, so wäre, soweit Menschen sehen können, nicht nur das Deutschtum innerhalb dieser 50 Jahre verloren gegangen — waren doch die Protokolle über die Entstehung dieser Gemeinde, sowie die Eintragungen von Taufen, Konfirmation, Trauungen und Beerdigun=

gen im Kirchenbuch von Hoovers Hand in **e n g l i s ch e r
Sprache**! — sondern es wäre dann (menschlich geredet)
auch **nicht das reine Luthertum nach Fort
Wayne gekommen.** Sihler wäre nicht nach Fort
Wayne gekommen, das praktische Predigerseminar, später
Anstalt der Missouri-Synode, wäre nicht nach Fort Wayne
verlegt worden — kurz, all der Segen, der nach Gottes
gnädigem Wohlgefallen auch von Fort Wayne über die
lutherische Kirche dieses Landes ausgegangen ist, wäre
derselben verloren gegangen. In der Geschichte der luthe=
rischen Kirche Amerika's wird daher auch die evangelisch=
lutherische St. Pauls-Gemeinde zu Fort Wayne für alle
Zeiten als ein sonderlich herrlich Denkmal der Gnade
Gottes dastehen.

Als Wyneken nach Fort Wayne kam, sah es freilich
in jeder Beziehung noch sehr ärmlich aus. Wohl war
eine lutherische Gemeinde da, aber sie hatte weder Kirche
noch Pfarrhaus. Doch wie den Pastor Hoover, so nahm
der Müller Rubisill auch den Pastor Wyneken in sein
Haus auf und räumte ihm ein eigenes Zimmer ein, und
dies that er, da Wyneken unverheiratet war, zwei Jahre
lang, und zwar unentgeltlich. Zu Hoovers Zeiten hatte
man sich zu den gottesdienstlichen Versammlungen eines
Zimmers des noch unvollendeten, aus Brettern aufgeführ=
ten Courthauses bedient. Zu Sitzen richtete man rauhe,
ungehobelte Bretter her, und aus demselben Material be=
stand auch der Altar. Als das Courthaus für lebens=
gefährlich erklärt wurde, da es einzustürzen drohte, zog
man in ein kleines, aus Brick erbautes Schulhaus jenseits

des jetzt wieder eingegangenen Kanals an Harrison= und Superior=Straße, das längst verschwunden ist. Dort predigte eine Zeit lang auch noch Pastor Wyneken; seine Konfirmanden aber unterrichtete er, wo die Liebe seiner Gemeindeglieder ihm einen Raum gewährte.

Doch schon im Herbst des Jahres 1839 hatte die Gemeinde auf dem Grundstück, auf welchem auch die jetzige St. Paulskirche steht, eine kleine Kirche, ein Framegebäude (40×24), soweit aufgebaut, daß Gottesdienst darin gehalten werden konnte. Allein, da die Kirche nicht sogleich vollendet, sondern wegen der großen Armut der Gemeinde nur der Rohbau aufgeführt, und nicht einmal ein Fußboden, sondern nur rauhe Planken gelegt und die Wände im Innern nicht getüncht werden konnten, und da der folgende Winter ein besonders strenger war, so mußte man nochmals in einem an Ecke von Barr= und Jefferson=Straße neuerrichteten, auch noch unvollendeten, aber wenigstens mit zwei Feuerherden versehenen Frame=Gebäude die Gottesdienste abhalten.

Wie ärmlich und kümmerlich es damals zuging, ersieht man aus dem Folgenden. Die Zahl der Glieder war um das Jahr 1839 um das Doppelte, auf etwa 50, gestiegen. Doch wohnten dieselben nicht etwa alle in der Stadt, der Mehrzahl nach waren es vielmehr Landleute, die des Sonntags 8 bis 10 Meilen und noch weiter zur Kirche zu gehen hatten. Denn damals gab es weder Fuhrwerke, noch passierbare Wege, auf denen man zur Kirche hätte fahren können. Ein noch lebendes Glied aus jener Zeit erzählt, daß er damals mitten im kalten Winter

durch tiefen Schnee seinen erstgebornen Sohn 5 Meilen
weit selbst zur Taufe in die Stadt getragen habe. Einen
großen Gehalt konnte die Gemeinde, obgleich sie an Glie=
derzahl gewachsen war, auch dem Pastor Wyneken nicht
geben. Der Tagelohn betrug in jener Zeit 50 Cents, die
Landleute erhielten für ihr Getreide, Eier, Butter u. s. w.
nicht nur die niedrigsten Preise, sondern in vielen Fällen
nicht einmal Geld. Es war eben damals die Blütezeit
des Tauschhandels, Geld war sehr rar. So dürfen wir
uns denn nicht wundern, daß in jener ersten Zeit der Pastor
auch keinen bestimmten Gehalt erhielt. Das drückte ihn
aber durchaus nicht nieder. „Er nannte im Gegenteil
‚diese Zeiten der Armut' die schönsten seines Le=
bens." Er war damals arm, sehr arm, „denn alle Unter=
stützung, die er erhielt, gab er schnell wieder an noch
Ärmere; es kam vor, daß er Hemd, Strümpfe an Kranke,
die er besuchte, verschenkte. Dabei war er immer zufrie=
den und heiteren Sinnes." Er aß, was ihm Gott durch
die Ansiedler bescherte; er schlief, wo man ihn bettete —
auf Heu und Stroh ebenso süß, wie in einem Bett. Zu
Hause angekommen, aß und trank er dann, was er vor=
fand, gewöhnlich nur Brot und kalten schwarzen Kaffee,
und war dabei so zufrieden und in seinem Gott vergnügt,
daß er sich gar nichts Anderes und Besseres wünschte.
Bei solchen dürftigen Geldverhältnissen hatte die Kleidung
Pastor Wynekens freilich nicht immer ein sonderlich kleri=
kales Aussehen. Bekannt ist, daß Pastor Wyneken lange
Zeit in gelben Beinkleidern von sogenanntem „englischen
Leder" einherging. Es erinnern sich aber noch lebende

Glieder der Gemeinde, denselben sogar in billigen, noch dazu auf den Knieen geflickten Jeanshosen, sowie sie heutzutage von Arbeitern bei der Arbeit getragen werden, predigen gesehen zu haben. Solcher etwas einfache Anzug des Pastors, bei dessen Anblick nicht nur damals ein deutscher Herr Amtsbruder, sondern jetzt auch gar mancher amerikanische Pastor sich wohl entsetzt haben würde, stach jedoch nicht allzusehr von der Kleidung seiner Zuhörer ab. Die Frauen z. B. trugen Kalikokleider und sogenannte sun-bonnets von Kaliko zur Kirche; die Männer aber kamen im Sommer wohl in Hemdsärmeln zur Kirche, weil sie keinen passenden Rock hatten.

Bei Wynekens gewaltigen erwecklichen Predigten und bei seiner herzgewinnenden Privatseelsorge, da er den einzelnen Seelen warnend, strafend, lockend nachging, wuchs die Gemeinde zusehends. Bei jeder Kommunion meldeten sich neue Glieder zur Aufnahme. Als aber Wyneken merkte, daß ein rohes, wüstes Weltwesen in seiner Gemeinde unter alt und jung einzureißen drohte, so begnügte er sich nicht damit, daß er selbst nur von der Kanzel dagegen zeugte, sondern er berief seinen Kirchenrath, verfaßte im Verein mit demselben, wie er selbst in dem jetzt noch im ersten Kirchenbuch der Gemeinde aufbewahrten Schriftstück schreibt, "einige nothwendige Regeln, die einem jeden, der hinfüro wünschen sollte, in die Gemeinde einzutreten, sollten als Verpflichtungen vorgelesen werden". Dies Schriftstück wurde am Sonntag, den 24. April 1839, vor versammelter Gemeinde verlesen und angenommen. Es sind aber diese "Regeln" deshalb ein so wichtiges Do-

kument der St. Pauls-Gemeinde, weil sie nicht nur die erste Gemeindeordnung derselben bilden, sondern weil sie uns sowohl in den damaligen Stand der Erkenntniß von Pastor und Gemeinde, sowie den heiligen Ernst, der in ihnen lebte, einen tiefen Blick thun lassen.

Nachdem im Eingang ein rechtschaffenes Gemeindeglied beschrieben wird als ein Mensch, der in wahrer Buße und lebendigem Glauben einen gottseligen Wandel führt, und gezeigt wird, daß ein jedes Mitglied durch seinen Eintritt sich verpflichtet, solch einen Wandel zu führen, so wird nun nachgewiesen: „Im allgemeinen haben wir zwei Befehle in der Schrift für eine jede christliche Gemeinde:

I. Sich abzusondern und unbefleckt zu halten von der Welt und sich ihr in keinem Stück gleichzustellen.

„Ein jedes Mitglied verpflichtet sich daher", so heißt es hierauf, „1) nicht nur die groben Laster zu meiden, . . Gal. 5, 10., dagegen ehrbarlich zu wandeln, wie vor Gott, im Hause und öffentlich, sondern auch 2) dem Scherz und den Narreteidingen der Welt und ihrer Lust, als Tanzen, Spielen, in den Wirthshäusern umherliegen, kurz, einem weltförmigen Leben zu entsagen, Eph. 5, 4—9.; als Kinder des Lichts zu wandeln, . . . 2 Kor. 7, 1." Damit aber dies im Leben auch ausgeführt werde, sollen alle Glieder der Gemeinde ein jeder über sich und einer über den andern wachen, vor allen Dingen aber die Gnadenmittel des Worts und Sakraments fleißig gebrauchen.

II. habe eine christliche Gemeinde den Befehl, von sich auszuthun, wer böse ist, nach 1 Kor. 5, 13. 2 Thess. 3, 6. Röm. 16, 17. Matth. 18, 15.

Hiernach solle denn ein jeder, der trotz alles Bittens und Ermahnens von seinem bösen Wandel nicht lassen wolle, endlich von der Gemeinde ausgeschlossen werden, bis er Buße gethan habe.

Ferner sollten zwar Glieder anderer Gemeinschaften (!) und Fremdlinge nicht vom Abendmahl abgewiesen werden, von den aber in der Stadt oder Umgegend Ansässigen sollten zum Abendmahl nur diejenigen zugelassen werden, welche sich als Glieder der Gemeinde aufnehmen ließen. Bei der Aufnahme jedoch solle die größte Vorsicht gebraucht und keiner ohne vorhergehende Prüfung seines Glaubens und Wandels aufgenommen werden.

In diesen wenigen Sätzen sind die hauptsächlichsten Bedingungen der Aufnahme und Gliedschaft niedergelegt, welche auch in unserer jetzigen Gemeindeordnung sich finden. Nur eins vermissen wir darin, nämlich das Bekenntnis der Gemeinde zum lutherischen Bekenntnis und die Forderung eines solchen Bekenntnisses von seiten des Aufzunehmenden. Dies wichtige Stück fehlt freilich in diesen Regeln, weil sowohl Wyneken als seine Gemeinde in jener Zeit gerade auf diesen Punkt noch wenig Gewicht legten.

Weil aber Wyneken lebendig erkannte, daß man sich namentlich der Jugend annehmen müsse, wenn bessere kirchliche Zustände geschaffen werden sollten, so fing er auch an, jeden Sonntag-Nachmittag, wenn er daheim war,

Christenlehre zu halten. Diese wichtige Einrichtung der lutherischen Kirche besteht also auch in unserer Gemeinde fast so lange, als diese selbst besteht, nämlich seit dem Jahre 1839.

Mit welchem Ernste Wyneken auf Besuch dieser Christenlehren hielt, beweist folgender, von dem seligen Direktor Lindemann erzählter Vorfall: „Einst begannen die jungen Burschen im Besuch der Christenlehre saumselig und nachlässig zu werden. Er ermahnte öffentlich, er that es privatim; aber es half nicht. Er erkundigte sich nun, wo sie ihre Zusammenkunft hätten und was sie da trieben. Leider mußte er hören, daß sie Karten spielten und unnütze Geschwätze führten. Am nächsten Sonntag ließ er, als die Christenlehre beginnen sollte, die Gemeinde ein wenig warten und begab sich in jenes Haus, wo seine jungen Pfarrkinder versammelt waren. Plötzlich und unerwartet stand er unter ihnen, hielt ihnen eine ernste Strafpredigt, ermahnte sie dann freundlich und führte sie mit sich zur Kirche."

Mitten in solcher Arbeit am innern Aufbau seiner Gemeinde traf ihn ein im Jahr 1839 abgesandter Missionar, Namens Joh. Rülfen. Derselbe schreibt in einem Briefe hierüber folgendermaßen: „Ich begrüßte Bruder Wyneken schon nach einigen Stunden, als er von seiner Wohnung, die etwa eine Meile von der Stadt bei einem Müller, Herrn Rudisill, ist, zum Unterricht der Kinder in die Stadt ritt. Ich begleitete ihn in eine seiner Gemeinden in Adams County, wo er gleichfalls drei Tage Schulunterricht ertheilt, und wo er vormittags, ich nachmittags pre-

bigte. Die Leute scheinen mit vieler Liebe an ihm zu hängen, und der HErr hat ihn überhaupt zum Segenswerkzeuge schon an manchem Herzen gebraucht... Er geht überhaupt sehr einfach und kindlich mit den Leuten um."

In einem andern Briefe aus derselben Zeit schrieb Nülsen: „Ich wurde durch seinen einfach kindlichen und herzlichen Umgang mit seinen Gemeinden erfreut. Der HErr hat ihn zum Segen schon Vieler hier gesetzt. Auch sind ihm die meisten seiner Glieder in Liebe zugethan. Seine ganze Zeit und Kräfte widmet er größtenteils dem Unterrichte der Kinder, Krankenbesuchen und Predigten, so daß ihm selten Zeit bleibt, sich auf seine Predigten vorzubereiten."

Um aber das Bild von Wyneken und seiner ebenso gesegneten als aufopfernden Amtsthätigkeit in jener Zeit zu vervollständigen, so möge Obigem noch ein Ausspruch hinzugefügt werden, den Pastor Häsbärt zu Baltimore in einem Briefe aus jenem Jahr that. Er schreibt: „Wyneken ist ein Glaubensheld, wie man sie nur in alten, längst verflossenen Zeiten zu suchen gewohnt ist. O wie beschämend ist sein Beispiel für so viele unter uns, die in aller Ruhe und Gemächlichkeit, in Hülle und Fülle dasitzen, und dem HErrn auch nicht das geringste Opfer in seinen armen Brüdern darbringen mögen!"

Im Jahre 1841 unternahm Wyneken eine Reise, welche für seine eigene Entwicklung, sowie die der Gemeinde, ja, der ganzen lutherischen Kirche dieses Landes

von den wichtigsten und segensreichsten Folgen war. Und an diesem allem hat die Gemeinde insofern Anteil, als sie durch einen Gemeindebeschluß vom 12. August 1841 die Erlaubnis zu dieser Reise erteilte. Längst schon hatte nämlich Wyneken erkannt, daß der großen Not der geistlich verwahrlosten Deutschen im Westen nicht durch einen oder zwei Reiseprediger abgeholfen werden könne, sondern daß dazu ganze Scharen von Pastoren nötig seien. Es reifte daher der Entschluß in ihm, nach Deutschland zu reisen und bei den dortigen Lutheranern durch mündliche Schilderung des geistlichen Elends und Jammers der im Westen zerstreuten Deutschen eine regere Teilnahme an ihrer Lage zu erwecken und zu deren reichlicherer Versorgung mit Predigern zu bewegen. Als daher die im Monat Mai zu Baltimore versammelte ev.-lutherische Generalsynode beschloß, „Pastor Wyneken zur Beförderung der deutschen Mission im Westen sobald als möglich nach Deutschland hinüber zu senden", und er in der Person des vom Stader Missionsverein herübergesandten Missionars G. Jensen einen Stellvertreter für seine Gemeinde erhalten hatte, so reiste er im Oktober dieses Jahres mit Zustimmung seiner Gemeinde von Philadelphia aus nach Deutschland und blieb daselbst zwei Jahre. Während seiner Abwesenheit wäre es fast zu einem Bruch gekommen, ja, die Gemeinde stand in Gefahr, von Wyneken losgerissen zu werden und auf verkehrte Wege zu geraten. Ein Teil wollte nämlich Jensen als Pastor berufen. Darüber kam es zu einer sehr stürmischen Versammlung, und nur dem entschiedenen Auftreten Rudisills, sowie der

Wachsamkeit und treuen Arbeit des damaligen Schullehrers, nachmaligen Pastors F. W. Husmann, war es zu verdanken, daß die Gemeinde ihrem Seelsorger Wyneken treu blieb. Jensen nahm hierauf einen Beruf nach Pittsburg an, und nun predigte Husmann, der bisher der Gemeinde als Lehrer gedient hatte, bis Wyneken aus Deutschland zurückkehrte. Unter den Männern, denen die St. Pauls=Gemeinde großen Dank schuldet, darf daher ihr erster treuverdienter Schullehrer, Husmann, nicht vergessen werden. Mit großer Treue und Selbstverleugnung hielt derselbe anfänglich Schule nicht nur in der Stadt, wohin Kinder 6 und 8 Meilen weit her kamen, sondern er selbst ging zu Fuß in lutherische Ansiedlungen, von denen die eine 8, die andere 18 Meilen von der Stadt entfernt war, und hielt abwechselnd auch in diesen Schule, bis er von der Gemeinde in Marion Township zum Pastor berufen wurde.

Wohl war Wyneken zwei lange Jahre von seiner Gemeinde fern geblieben; aber obgleich er in Deutschland für die Mission im ganzen Westen thätig war, so sollte doch die St. Pauls=Gemeinde zunächst den größten Segen von dieser Reise haben. Nicht nur wurde durch jenes von Wyneken in Deutschland verfaßte Büchlein: „Die Not der deutschen Lutheraner in Nordamerika", der Mann bewogen, nach Amerika zu ziehen, der als Nachfolger Wynekens, was dieser nach Hoover gesäet und gepflanzt hatte, begießen und bauen sollte, nämlich Dr. W. Sihler; sondern Wyneken selbst kam als ein ganz anderer, als ein in der Erkenntnis der reinen lutherischen

Lehre gewachsener und geförderter, für die lutherische Kirche wider alle ihre Feinde eifernder Mann wieder zurück.

Und das zeigte sich alsbald bei seiner Rückkehr in seine Gemeinde. Während er vorher nach methodistischer Weise Betstunden abgehalten hatte, in welchen er einzelne Glieder zum öffentlichen Gebet aufforderte, neben sich auf seiner Kanzel Pastoren anderer Gemeinschaften, z. B. der Albrechtsbrüder, predigen ließ, Reformierte und Lutheraner an Einem Altar zum Abendmahl gehen ließ, ja, sogar als seine Meinung ausgesprochen hatte, man solle lutherische Gemeinden auf dem Grunde der Augsburgischen Konfession gründen, reformierte Gemeinden dagegen mit Zugrundelegung eines reformierten Symbols sammeln, **beiderlei Gemeinden aber sollten samt ihren Synoden miteinander in Verbindung stehen**: so predigte er nach seiner Rückkehr mit aller Entschiedenheit die lutherischen Unterscheidungslehren, zeugte auf das nachdrücklichste wider die Irrtümer der Reformierten, der Methodisten und anderer Schwärmer und arbeitete auf das eifrigste dahin, seiner Gemeinde immer mehr eine wahrhaft lutherische Gestalt zu geben.

Die Folge dieser seiner echt lutherischen Predigtweise und Praxis war freilich die, daß ein großer Rumor in der Gemeinde entstand. Die Reformierten trennten sich von den Lutheranern und gründeten eine eigene Gemeinde. Aber auch manche wohlmeinende Lutheraner, unter ihnen selbst Rudisill, wurden in ihrem Vertrauen zu Wynefen erschüttert, als ob er am Ende doch kein rechter Lutheraner sei. Wohl ging Wynefen aus einer Disputation mit

einem von der reformierten Synode zu diesem Zwecke her=
gesandten Pastor siegreich hervor, indem er schlagend
nachwies, daß das lutherische Bekenntnis einzig und allein
auf Gottes Wort gegründet und daraus geschöpft sei. Aber
das alte Zutrauen wollte bei manchen nicht völlig wieder=
kehren.

Was that nun Wyneken? Er lud die „Synode des
Westens", welche aus sogenannten lutherischen Pre=
digern in Indiana, Illinois, Tennessee bestand und der
er glieblich angehörte, ein, ihre nächste Versammlung in
Fort Wayne zu halten. Dies geschah auch. Im Oktober
des Jahres 1844 tagte diese sogenannte lutherische Sy=
node in der schon als „altlutherisch", von vielen sogar als
katholisch verschrieenen Gemeinde. Er ließ sich sogar von
Gliedern seiner eigenen Gemeinde vor der Synode ver=
klagen. Dies gab ihm aber Gelegenheit, in einer mehr
denn zweistündigen Rede zuerst deutsch und dann englisch
ein herrliches Bekenntnis für die reine lutherische Lehre
als die Lehre des Wortes Gottes abzulegen. Selbst die
Synode mußte ihm bezeugen, daß er ein treu lutherischer
Prediger sei. Seine Gemeinde aber schloß sich von jener
Synodalversammlung an wieder mit vollem Vertrauen,
ja, um so inniger an ihn an. Ja, seit jener Zeit nahm
die Gemeinde so sehr an Gliederzahl zu, daß die Kirche
gar bald sich als zu klein erwies.

Da, mitten in seiner aufs neue gesegneten Arbeit in
seiner Gemeinde, erhielt Wyneken einen Beruf von der
lutherischen Gemeinde zu Baltimore. Er sowohl als seine
Gemeinde erkannten es als Gottes Willen, daß er dem

Paſtor F. Wyneken.

Rufe folgen müſſe, und ſo nahm er denn im Februar des Jahres 1845 unter viel Thränen und tiefer Betrübnis der Glieder Abſchied von ſeiner Gemeinde. Aber obwohl Wyneken, der nachmalige mehrjährige allgemeine Präſes der Miſſouri=Synode, nach einer reichgeſegneten Wirkſam=

keit in den weitesten Kreisen, schon seit vielen Jahren durch einen seligen Tod auch Abschied genommen hat von dieser Welt, so wird gewißlich der Name W y n e k e n vor allem in der St. Pauls=Gemeinde, die seine erste Liebe war, nie vergessen werden. In der Geschichte der Gemeinde kann ihm aber wohl kein besser Denkmal gesetzt werden, als mit den herrlichen Worten, in welchen der sel. Dr. Walther ein treffendes Bild von dem einstigen Pastor der St. Pauls=Gemeinde entwirft. So lauten diese Worte:

„Ein reich= und hochbegabter Geist, ein wahrhaft evangelischer Prediger, ‚ein beredter Mann und mächtig in der Schrift‘, ein in der Schule schwerer geistlicher Anfechtungen hocherfahrener Seelsorger, ein unerschrockener Zeuge der reinen vollen Wahrheit, ein tapferer Kämpfer für dieselbe, ein treuer Kirchenwächter, ein Mann ohne Falsch, dessen ganzes Wesen den Stempel der Geradheit und Biederkeit trug, ein Feind aller Lüge und Heuchelei, eine wahre Nathanaels=Seele, kurz, ein rechtschaffener Christ und treuer Knecht seines HErrn, der aber in wahrer Demut nur seine Schwachheit, nicht seine Stärke kannte, ist er ganzen Scharen von Predigern und Laien ein Vorbild, Tausenden ein geistlicher Vater, ganzen Gegenden Amerika's ihr Apostel, von allen aber, die ihn kannten, geliebt und geehrt gewesen, eine der schönsten Zierden und eines der gewaltigsten Rüstzeuge unseres amerikanisch-lutherischen Zions, dessen Name nie verwesen, sondern gesegnet sein und bleiben wird, solange unsere hiesige lutherische Kirche ihres Namens würdig bleibt."

II.

Inneres und äußeres Wachstum der Gemeinde unter Dr. W. Sihlers vierzigjähriger Amtsführung.

Vor seiner Abreise von Fort Wayne empfahl Wyneken seiner Gemeinde, Dr. Sihler, der seit 1844 an der evang.-lutherischen Gemeinde zu Pomeroy, O., stand und den er aus seinen Artikeln für die "Lutherische Kirchenzeitung" als einen wahrhaft lutherischen Pastor kennen gelernt hatte, als seinen Nachfolger zu berufen. Die Gemeinde that dies, und schon am 15. Juli 1845 traf Pastor Sihler in Fort Wayne ein und trat sofort sein Amt an derselben an, das er bis zum Jahre 1885, also 40 Jahre lang zum großen Segen derselben treu verwaltet hat.

Mit Dr. Sihlers Amtsantritt beginnt ein neuer Abschnitt in der Geschichte der Gemeinde, sie tritt in ihr zweites Stadium ein. Pastor Sihler war nicht ein solch gewaltig beredter Prediger, wie Wyneken, er hatte nicht, wie er selbst sagt, die Gabe, das Gemüt zu ergreifen, wie dieser; seine Predigten, in denen er zwar mit großem Ernste Gesetz und Evangelium, Buße und Glauben predigte, waren mehr "lehrhaftig". Weit entfernt aber, daß dies letztere ein Mangel gewesen wäre, so gereichte gerade diese Predigtweise Dr. Sihlers, wie die Erfahrung zeigt, der Gemeinde zum großen Segen. Während die Gemeinde unter Wyneken erst allmählich, namentlich seit seiner Rückkehr aus Deutschland, sich dessen bewußt geworden war,

daß sie eine lutherische Gemeinde sei, so wurde nun durch Sihlers Dienst in Predigt, Christenlehre, Beichtanmeldung die Gemeinde in der rechten Erkenntnis der reinen lutherischen Lehre gefördert und fest begründet. Während durch Wynekens Pionier-Arbeit der Acker der Gemeinde erst „geklärt, gesäubert und bepflanzt wurde, wuchs die Gemeinde unter Sihlers treuer Pflege durch Gottes Gnade zu einem lieblichen Garten Gottes in dem lutherischen Zion dieses Landes heran, der im Laufe der Jahre zum Preise Gottes die herrlichsten Früchte brachte. Als Wyneken die Gemeinde verließ, da war sie eine auf dem lutherischen Bekenntnis feststehende Gemeinde, durch Sihlers treue, gewissenhafte Arbeit in Lehre und Praxis aber erhielt sie erst „die rechte Gestalt einer wahrhaft lutherischen Gemeinde".

Als Sihler nach Fort Wayne kam, fand er in der Gemeinde etwa 60 stimmberechtigte Glieder, in der Schule arbeitete Husmann noch als Lehrer, im Pfarrhause aber begrüßten ihn zwei von Wyneken zurückgelassene Studenten, Jäbker und C. Frincke, welche dieser auf das Predigtamt vorzubereiten begonnen hatte und welche sein Nachfolger nun weiter unterrichten sollte. Mit Freuden trat Sihler auch dieses Erbe Wynekens an, welches den ersten Anstoß bildete zu dem bald darauf durch Löhe gegründeten und unter Sihlers Leitung gestellten Prediger-Seminar, aus dem im Laufe der Jahre Hunderte von tüchtigen lutherischen Predigern hervorgingen.

Trotz Sihlers einfacher schlichter Predigtweise nahm

der Besuch der Gottesdienste so sehr zu, daß die kleine Kirche die Zuhörer nicht mehr faßte. Im Jahre 1847 wurde daher die längst zu klein gewordene alte Kirche zurückgesetzt auf den hinteren Teil des Grundeigentums der Gemeinde und in ein Schulhaus umgewandelt. An Stelle der alten wurde aber eine neue Kirche (ein Frame=Gebäude, 64×44 Fuß) gebaut. Diese Kirche steht heute noch; sie bildet mit dem im Jahre 1862 ausgeführten Kreuzbau die jetzige St. Pauls=Kirche.

Zuvor aber, schon für Pastor Wyneken, war auch ein Pfarrhaus gebaut worden. Es bestand zuerst aus einem einzigen Zimmer, das Wyneken scherzhafter Weise sein „Eliaszimmer" zu nennen pflegte. Bei der großen Armut der Gemeinde hatte Rudisill dies Häuslein fast allein aus eigenen Mitteln erbaut. Dieses Zimmer wurde später in eine Küche umgewandelt und demselben zwei etwas größere Zimmer vorgebaut. In diesem bescheidenen Hause wohnte Sihler mit seiner Familie viele Jahre hindurch, ja, er beherbergte außerdem noch stets einen oder zwei Studenten. Sein Gehalt betrug in den ersten Jahren nur etwa 200 Dollars, der seines Lehrers Wolf, der vom Jahre 1847 bis 1862 der Gemeinde an ihrer Schule treulich diente, anfänglich sogar nur 40, später 150 Dollars. Dieser geringe Gehalt war aber keineswegs ein Zeichen des Geizes; im Gegenteil, bei der großen Armut der Leute, die selbst wenig Geld zu sehen bekamen, mußten dieselben Opfer bringen, um diese Summen zu erschwingen. Daneben brachten sie freiwillig und reichlich Lebensmittel ins Haus, so daß Pastor und Lehrer doch nie Mangel litten.

Darum war Sihler mit seinem kleinen Gehalt, der noch dazu sehr unregelmäßig einkam, nicht nur zufrieden und vergnügt, sondern er konnte außerdem für die Sache des Reiches Gottes sogar reichlich beisteuern und so durch sein Beispiel seine Gemeinde zu immer größerer Freigebigkeit und Opferfreudigkeit anspornen.

In dem kleinen Pfarrhause der St. Pauls-Gemeinde ist im Lauf der Jahre manche nicht nur für die Gemeinde, sondern für die ganze lutherische Kirche des Westens wichtige Versammlung gehalten worden. So fand hier schon im Juli 1846 die Vorversammlung etlicher lutherischer Pastoren zur Gründung einer deutschen lutherischen Synode statt. Als nämlich im Jahre 1844 der „Lutheraner" in St. Louis erschienen war, begrüßten denselben mit großer Freude namentlich auch Wyneken und Sihler. Beide erkannten aus dem Blatte, daß in jenen aus Sachsen ausgewanderten Lutheranern, die durch schwere innere und äußere Anfechtungen zu völliger Klarheit und unerschütterlicher Festigkeit in der lutherischen Lehre, sonderlich in dem Artikel von Kirche, Amt, Kirchenregiment und Kirchenordnungen gekommen sein mußten, Gott sich selbst eine Schar von Männern bereitet hatte, von denen eine gesunde Belebung und Erstarkung der lutherischen Kirche zu erwarten war. Beide traten daher in brieflichen Verkehr mit dem Herausgeber des „Lutheraner", C. F. W. Walther, Pastor der Dreieinigkeits-Gemeinde zu St. Louis. Sihler aber reiste mit Pastor A. Ernst, der im Jahr 1845 mit ihm aus der Ohio-Synode wegen ihrer unlutherischen Stellung ausgetreten war, und mit dem von

Löhe herübergesandten, in Toledo, O., stehenden Pastor F. Lochner nach St. Louis, und das Ergebnis der Besprechung mit den dortigen sächsischen Brüdern war, daß diese, nämlich die Pastoren Löber, Walther, Keyl, Brohm, im Juli desselben Jahres mit den Pastoren Selle, Bürger, Crämer, Hattstädt, Lochner, Burger, Ernst, Knape, Jäbker und Husmann in Fort Wayne zusammenkamen und den von Pastor Walther verfaßten Entwurf einer rechtgläubigen lutherischen Synodalverfassung besprachen und zum Abschluß brachten. Im darauf folgenden Jahre 1847 wurde zu Chicago, Ill., durch Annahme dieser Synodalkonstitution von 12 Pastoren und den Deputierten ihrer Gemeinden „**die evang.=lutherische Synode von Missouri, Ohio und andern Staaten**" gegründet. Und da nun auf dieser ersten Synodalversammlung die St. Pauls=Gemeinde durch ihren Pastor sowie ihren ersten Gemeinde=Deputierten, E. Voß, vertreten war, so gehört auch sie mit zu den Gründern der Missouri=Synode.

Im Jahre 1846 geschah aber noch ein anderes wichtiges Ereignis, welches ebenfalls die Geschichte der St. Pauls=Gemeinde mit der Geschichte der Missouri=Synode und der lutherischen Kirche des Westens überhaupt auf das innigste verflochten hat. Im August dieses Jahres wurde nämlich durch Pfarrer **Löhe** zu Neudettelsau in Bayern durch Herübersendung von 11 Studenten das **Prediger-Seminar zu Fort Wayne** gegründet und Dr. Sihler mit dem Unterricht an dieser Anstalt sowie der ganzen Leitung derselben betraut. Anfänglich ging's auch hier sehr ärmlich her. Denn ein großartiges Seminargebäude war frei=

lich nicht vorhanden. Es wurde vielmehr in der Nähe des Pfarrhauses ein Haus mit vier Zimmern gemietet, in welchem die Studenten wohnten. In der Oberstube des Pfarrhauses wurde von Herrn Dr. Sihler und zuerst dem mit den Studenten herübergekommenen Kandidaten Röbbelen, vom November desselben Jahres an aber von dem ausgezeichneten, reichbegabten und gottseligen Professor Wolter Unterricht erteilt. Drei Jahre lang arbeitete dieser ausgezeichnete Knecht Gottes neben Dr. Sihler mit unermüdlichem Eifer und unter sichtlichem Segen an der neuen Anstalt, unterstützte auch Dr. Sihler bei seiner Arbeit in der Gemeinde, indem er, dem Gott auch große rednerische Begabung verliehen, oft für ihn predigte, bis er im Jahr 1849 in der Cholera-Epidemie als einer der letzten von der schrecklichen Seuche hinweggerafft wurde. Es war dies ein schwerer Verlust für Anstalt und Gemeinde. Aber seine kurze Arbeit ist nicht vergeblich gewesen; auch sie hat Früchte für beide gebracht, die da bleiben in das ewige Leben.

Die Gemeinde nahm sich des neugegründeten Seminars und seiner Bewohner von Anfang an auf das liebevollste an. Als im Jahre 1848 für das Seminar, welches Löhe kurz zuvor in eben demselben Jahre der neugegründeten Missouri-Synode bei ihrer zweiten Versammlung zur freien Disposition übergeben hatte, ein Grundstück von 15 Ackern mit einem schönen Apfelgarten und einem Backsteinhaus mit vier Stuben erworben wurde, so wurde die Summe des Kaufpreises, 4000 Dollars, zum großen Teil in der Gemeinde zu Fort Wayne kollektiert, so groß war ihr Eifer für das Gedeihen der Anstalt.

Im Jahr 1850 wurde Herr Pastor A. Crämer an der Gemeinde zu Frankenmuth, Mich., zum Professor am Seminar berufen. Auch er arbeitete, wie Wolter, mit gleichem unermüdlichem Eifer und Treue und in gleicher Einigkeit des Geistes mit Dr. Sihler an dieser Anstalt, und unterstützte gleichfalls denselben durch fleißiges Predigen, durch rege Teilnahme an den Gemeindeversammlungen, sowie herzlichen brüderlichen Verkehr mit den Gliedern der Gemeinde in solch gesegneter Weise, daß auch er durch dies alles seinen Namen in die Herzen der alten Familien unserer Gemeinde unauslöschlich eingegraben hat. Als unter seiner treuen Arbeit die Zahl der Studenten so sehr gewachsen war, daß die vorhandenen Räumlichkeiten nicht mehr ausreichten, mußte im Jahre 1857 zu einem Neubau geschritten werden. Hiezu trug die Gemeinde wiederum 3000 Dollars bei; die übrigen 4000 Dollars aber wurden zum großen Teil in den umliegenden Landgemeinden, die zum Teil von der St. Pauls-Gemeinde sich abgezweigt hatten, kollektiert. Wenn wir bedenken, daß auch damals noch kein Reichtum in unsern Gemeinden sich fand, so waren dies allerdings große Gaben. Aber diese großartige Opferfreudigkeit war auch wieder hervorgerufen worden durch den unmittelbaren geistlichen Segen, welchen die Gemeinden von dieser Anstalt hatten. Studenten und Professoren begaben sich fleißig in die Gemeinden, predigten daselbst und verkehrten auf das herzlichste und brüderlichste mit ihnen. Dieser empfangene Segen konnte nicht anders als herrliche Früchte bringen, indem er Herzen und Hände aufthat. Ueberhaupt war in jener

Zeit der ersten Liebe das lutherische Zion zu Fort Wayne auch darin ein, wenn auch schwaches, doch liebliches Abbild der ersten apostolischen Gemeinde. Auch hier kam man, wenn nicht täglich, so doch fleißig in den Häusern einmütig zusammen und unterhielt sich von dem Einen, das not ist, von den großen Thaten Gottes und den Angelegenheiten des Reiches Gottes. Auch sonst erwies sich die herzliche innige Gemeinschaft der Liebe in Erweisungen der Liebe. Als im Jahre 1849 während der schrecklichen Cholera=Epidemie in kurzer Zeit gegen 60 Personen starben, eine sehr große Zahl für die damals verhältnismäßig nicht allzugroße Gemeinde, und unter diesen eine ziemliche Anzahl von Vätern und Müttern, so währte es nicht lange, bis die verwaisten Kinder liebreiche Aufnahme und eine neue Heimat bei Gliedern der Gemeinde gefunden hatten.

In dem Jahre 1857, nachdem man ein großes neues Seminar=Gebäude errichtet hatte, wurde unter Professor Fleischmanns Leitung eine zweite wichtige Lehranstalt, nämlich ein Schullehrer=Seminar, dahier gegründet und mit dem Prediger=Seminar in Einem Gebäude untergebracht und verbunden. Dieses Seminar verblieb bis zu seiner Verlegung nach Addison, Ill., im Jahre 1865 in Fort Wayne und genoß die gleiche Liebe der lutherischen Gemeinden zu Fort Wayne und Umgegend. Und als im Jahre 1861 das praktische Prediger=Seminar auf Synodalbeschluß nach St. Louis verlegt und mit dem dortigen theoretischen Prediger=Seminar verbunden, dagegen das Gymnasium der Synode von St. Louis nach Fort Wayne verlegt wurde,

hat sich die St. Pauls-Gemeinde im Verein mit den von ihr abgezweigten Tochtergemeinden als treue und liebreiche Pflegerin auch dieser Anstalt seit nun mehr denn 25 Jahren erwiesen. Nicht nur hat sie für Neubauten und zur Erhaltung auch dieser Anstalt Tausende beigesteuert, nicht nur hat sie, als am 28. Dezember 1869 Feuer auf dem College ausbrach und einen Teil des Gebäudes sowie Habe der Schüler im Werthe von 3000 Dollars zerstörte, gemeinsam mit der Immanuels-Gemeinde 100 Zöglingen längere Zeit Obdach gewährt und durch Liebesgaben zur Deckung des angerichteten Schadens vorzüglich beigetragen, sondern sie giebt gemeinsam mit den beiden andern Gemeinden den Gymnasiasten, wie früher den Studenten, Jahr für Jahr den Sonntagstisch und versorgt die Schüler mit Wäsche, ja durch ihre Frauenvereine, die seit Jahrzehnten bestehen und in regelmäßigen Zusammenkünften den Schülern die oft gering geschätzten, aber sehr nötigen Dienste des Nähens und Flickens leisten, versieht sie die ärmeren sogar mit neuen Kleidungsstücken.

Ihre rege Teilnahme an den Angelegenheiten des Reiches Gottes hat die Gemeinde aber nicht nur bewiesen durch freigebige Beiträge für die hiesigen, sowie alle Synodalanstalten und durch Unterstützung von Studenten, deren eine ganze Schar, aus ihrer eigenen Mitte hervorgegangen, jetzt an Kirchen und Schulen im Dienste der lutherischen Kirche dieses Landes steht, sondern auch dadurch, daß sie, die durch ihren Pastor, den Gründer und ersten Professor des praktischen Prediger-Seminars, den Mitbegründer der Missouri-Synode neben Walther

und Wyneken, den mehrjährigen Vicepräses der Allgemeinen Synode und Präses des Mittleren Districts, Dr. Sihler, mit der Synode auf das innigste verwachsen war, dieselbe während vieler ihrer wichtigsten Synodalversammlungen auf das bereitwilligste beherbergte. So die dritte Synodalversammlung 1849, auf welcher das Prediger-Seminar übertragen wurde, die sechste 1852, auf welcher das wichtige Referat über „Kirche und Amt" vorlag, die neunte 1857, auf welcher über den Chiliasmus gehandelt wurde, die elfte 1863 und die zwölfte (eine Extraversammlung) 1864, die vierzehnte 1869, da über die Lehre vom Wucher verhandelt wurde, die sechzehnte 1874, in welcher die Verlegung des praktischen Seminars nach Springfield, Ill., beschlossen wurde, die achtzehnte 1881, in welcher die Synode über den ausgebrochenen Streit über die Lehre von der Gnadenwahl handelte, und endlich die zwanzigste in diesem Jahre 1887, in welcher namentlich über die mancherlei wichtigen kirchlichen Anstalten unserer Synode verhandelt wurde.

Was die inneren Angelegenheiten der Gemeinde betrifft, so ist hervorzuheben, daß von Anfang an die Wichtigkeit der Gemeinde-Versammlungen, in welchen über alle innern wie äußern Angelegenheiten der Gemeinde berathen wurde, erkannt und auf Besuch derselben von Seiten aller Glieder gedrungen wurde. Für so wichtig hielt man die Gemeinde-Versammlungen, daß man anfänglich dieselben sogar an Wochentagen des Nachmittags hielt, indem die Glieder zu diesem Zweck ihre Arbeit aussetzten, ja auf Gemeindebeschluß mußten sogar die Lehrer ihre Schule aus-

setzen, um an den Versammlungen teilnehmen zu können. Wiederholt wurde auch in besonderen Predigten und Ansprachen den Gliedern ihre Pflicht, die Versammlungen zu besuchen, auf das eindringlichste vorgehalten.

Als eine sonderliche Gnade Gottes ist es aber zu rühmen, daß niemals seit dem Bestehen der Gemeinde durch hochmütige und streitsüchtige Geister heftige Unruhen und Parteiwesen in derselben entstanden sind. Wohl verursachte Wynekens entschiedenes Auftreten gegen die reformierten Irrlehren das Ausscheiden der Reformierten, wobei es nicht ohne Kampf abging. Und später in den fünfziger Jahren traten eine Anzahl von Leuten, welche sich sowohl an den lutherischen gottesdienstlichen Gebräuchen als auch an der strengen Kirchenzucht stießen, aus der Gemeinde aus und bildeten eine Oppositionsgemeinde, und auch in dieser Zeit gab es stürmische Versammlungen. Sonst aber herrschte in den Versammlungen, zur Ehre Gottes sei es gerühmt, kein streitsüchtiges, zänkisches, rechthaberisches Wesen, sondern christliche Einfalt, eine liebliche Eintracht und ein Gott wohlgefälliger Friede.

Nachdem schon in den fünfziger Jahren die Herren Pastoren Föhlinger, Stephan und Renz nacheinander Herrn Dr. Sihler als Hilfsprediger zur Seite gestanden hatten, war bei aller ernsten Zucht in Lehre und Leben die Gemeinde bis zum Jahre 1861 wieder so sehr gewachsen, daß nicht nur zur Unterstützung Herrn Dr. Sihlers in der Person Herrn Pastor Stubnatzys ein neuer Hilfspastor berufen und Sonntags früh zwei Gottesdienste gehalten werden mußten, um allen Gelegenheit zu geben, Gottes Wort zu

hören, sondern daß im folgenden Jahr auch der schon oben erwähnte Kreuzbau ausgeführt werden mußte, wodurch die Kirche allerdings um ein Bedeutendes vergrößert wurde, so daß dieselbe jetzt etwa 1200 Personen faßt. Aber nach

Die evang.-lutherische St. Pauls-Kirche.

etlichen Jahren erwies sich auch dieser Raum als zu klein. Man schritt daher im Jahr 1868 zur Teilung der Gemeinde. Pastor Stubnatzy wurde zum Pastor der neugebildeten Immannuels-Gemeinde berufen, und schon im Herbst des Jahres 1869 konnte die neue Kirche

an Ecke von Jackson= und Jefferson=Straße eingeweiht werden. Dieses Kirchgebäude, für die Summe von 32,000 Dollars erbaut und in rein gothischem Stil in Kreuzform aufgeführt, ist ohne Zweifel eine der schönsten Kirchen der Missouri=Synode und eine Zierde der Stadt. Die St. Pauls=Gemeinde hielt sich natürlich für verpflich= tet, der ausscheidenden Schwestergemeinde, da dieselbe bisher an ihrem Kircheneigentum teilgehabt hatte, beim Erwerb und Bau eines neuen Kircheneigentums behilf= lich zu sein. So steuerte sie denn, nachdem sie schon vor= her beim Kauf eines Grundstücks und Errichtung einer Schule teilgenommen hatte, auch zum Bau der neuen Kirche fein brüderlich die Summe von etwa 7000 Dol= lars bei.

Bis zum Jahre 1875 stand nun Herr Dr. Sihler der St. Pauls=Gemeinde allein als Pastor vor. Da aber wurde die Gemeinde abermals zu groß, die Kräfte des all= mählich alternden Seelsorgers wollten nicht mehr aus= reichen: so wurde denn in diesem Jahre der jetzige Pastor der Gemeinde zum zweiten Pastor neben Herrn Dr. Sihler berufen. Zehn Jahre nebeneinander arbeitend, standen beide Pastoren, ohne daß ihr Verhältnis zu einander oder zur Gemeinde jemals durch einen Mißton oder Uneinig= keit wäre gestört worden, in Einigkeit des Geistes — zur Ehre Gottes darf das wohl gesagt werden — im Segen der Gemeinde vor. Schon im Jahre 1882 war dieselbe wieder so sehr an Gliederzahl gewachsen — sie zählte über 300 stimmberechtigte Glieder, über 400 Familien und über 500 Kinder in ihren Schulen —, daß man abermals

eine Teilung vorzunehmen beschloß. Es wurde daher die dritte von der alten Müttergemeinde abgezweigte Gemeinde unter dem Namen Zions-Gemeinde im südlichen Stadtteile gegründet. Zum Ankauf von Grundeigentum und zur Errichtung der notwendigsten Baulichkeiten steuerte die St. Pauls-Gemeinde ebenfalls wieder nahezu 7000 Dollars bei. Die junge Gemeinde aber, welche jetzt über 120 stimmberechtigte Glieder zählt, hat bereits ein schönes, auf das zweckmäßigste eingerichtetes zweistöckiges Schulgebäude, dessen oberstes Stockwerk vorläufig noch zur Abhaltung des Gottesdienstes hergerichtet ist, ein Pfarrhaus und zwei Lehrerwohnungen erbaut.

Während nun so die St. Pauls-Gemeinde sich nach außen hin weit ausbreitete und an Gliederzahl aufs neue mächtig wuchs, ist doch auch das innere Leben der Gemeinde als solcher während der 50 Jahre ihres Bestehens nicht erlahmt oder erstorben. Wohl mußte die St. Pauls-Gemeinde die Erfahrung aller älter werdenden Gemeinden machen. Das Weltwesen und irdischer Sinn bringt in dieselbe ein. Aber die Gemeinde als solche ist samt ihren Wächtern von jeher auf der Hut gewesen und hat ihre Stimme laut gegen das verderbliche Wesen dieser Welt erhoben. Kein Glied einer geheimen Gesellschaft, auch kein Schankwirt kann Glied der Gemeinde werden. Wer Glied einer Loge wurde oder einen Ausschank begann, wurde stets in Kirchenzucht genommen. Aber allmählich hatte sich ein Unwesen in der Gemeinde eingeschlichen, das der Gemeinde nicht zur Zierde gereichte, nämlich der Ausschank neben der Grocery. Hiergegen legten nun die Pa-

storen der Gemeinde im Jahre 1882 in besonderen Versammlungen Zeugnis ab und wiesen aus Gottes Wort das Seelengefährliche auch dieser Beschäftigung nach. Die Gemeinde stimmte ihren Pastoren bei und verpflichtete sie, an den einzelnen Gliedern zu arbeiten, bis sie dies höchst seelengefährliche und versuchliche Geschäft aufgeben. Im Winter des Jahres 1885 wurde in besonderen öffentlichen Versammlungen vor den jungen Leuten aus Gottes Wort nachgewiesen, daß kein Christ mit gutem Gewissen sich an den weltlichen Unterhaltungsvereinen unserer Zeit beteiligen, ferner, daß kein Christ mit gutem Gewissen an den weltüblichen Tänzen teilnehmen, und endlich, daß kein Christ mit gutem Gewissen das Theater besuchen könne. Alle Versammlungen wurden von den jungen Leuten gut besucht und sind nicht ohne gute Frucht geblieben.

Ein besonderer Beweis, daß das geistliche Leben in der Gemeinde noch nicht abgestorben sei, ist die Pflege der Gemeindeschule. Dieselbe Erkenntnis von der Wichtigkeit der Unterweisung der Kinder in einer christlichen Schule, welche die Väter unserer Gemeinde zur Gründung der Schule bewog, beseelt noch heute unsere Gemeinde und bewegt sie, große Opfer zur Erhaltung derselben zu bringen. Während sie es als Pflicht des Staates erkennt, durch Volksschulen für Unterricht der Kinder zu sorgen, damit sie nicht gar verwildern, hält unsere Gemeinde es dennoch für eine Sünde, wenn Christen nicht für tägliche Unterweisung ihrer Kinder in Gottes Wort sorgen. Während daher alle übrigen protestantischen Gemeinden, welche früher ihre eigenen Gemeindeschulen hatten, dieselben aus Gleich-

giltigkeit eingehen ließen und für ihre Kinder die religions=
losen Staatsschulen benutzen, sind unsere hiesigen luthe=
rischen Gemeinden die einzigen protestantischen Gemeinden,
welche nach Verlauf von 50 Jahren mit altem Eifer für
die Erhaltung der Gemeindeschule mit Freuden Opfer
bringen. Ja, so sehr läßt sich die St. Pauls=Gemeinde
die Pflege der Schule angelegen sein, daß sie nicht etwa
nur die Eltern der Kinder Schulgeld zahlen läßt und auf
diese Weise die Besoldung der Lehrer ermöglicht, sondern
die ganze Gemeinde, jedes Glied derselben, trägt zur Er=
haltung der Schule durch Beiträge in die Commun=Kasse
bei. Obwohl daher im Lauf dieser 50 Jahre mehrere Ge=
meinden auf dem Lande abgezweigt wurden, deren jede
ihre eigene Schule hat, nämlich die Martini=Gemeinde und
Dreieinigkeits=Gemeinde in Adams Township, und die
St. Petri-Gemeinde in St. Joseph Township, und obwohl
in der Stadt von der St. Pauls=Gemeinde seit 1869 zwei
große Gemeinden ausgegangen sind, deren eine, die Im=
manuels=Gemeinde, über 400 Kinder, die andere, die
Zions=Gemeinde, über 230 Kinder in der Schule zählt, so
hat doch jetzt unsere Gemeindeschule, an der anstatt eines
einzigen vor 50 Jahren, jetzt 6 Lehrer arbeiten (an der
1. Klasse Lehrer J. Ungemach, an der 2. Lehrer C. Grahl,
an der 3. H. Backner, an der 4. E. Gerberding, an der
5. J. Riedel, an der 6. C. Strieder) eine Schülerzahl von
über 500 Kindern.*)

---

*) Zur Vervollständigung der Statistik der Gemeinde mögen noch
folgende Zahlen hinzugefügt werden. Die Gemeinde zählt jetzt wieder
340 stimmberechtigte Glieder, 1760 kommunicierende Glieder, nahezu

Das wichtigste Ereigniß in der Geschichte der Gemeinde aus der letzten Zeit ist ohne Zweifel die Amtsniederlegung und das bald darauf erfolgende Abscheiden des langjähri=

gen, treuverdienten Pastors der Gemeinde, Dr. W. Sihlers, im Jahre 1885. Nachdem derselbe zu Pfingsten bei einer

400 Familien; im vergangenen Jahre wurden 115 Kinder geboren und getauft. — Während des 50jährigen Bestehens der Gemeinde wurden über 4400 Kinder in derselben getauft, 1751 wurden konfirmiert, 932 Kopulationen und 1631 Beerdigungen fanden statt.

Beichtrebe, von einem Schwächeanfall betroffen, am Altare fast niedergesunken wäre, so erkannte er, daß die Zeit gekommen sei, da Gott ihn ausspannen wolle. Am 7. Juni reichte er daher in der Gemeindeversammlung sein Resignationsschreiben ein, welches, weil es zugleich den teuren Mann aufs treffendste charakterisiert, hier Aufnahme finden mag:

„Geliebte Brüder im HErrn!

„Es hat Gott gefallen, nach der Arbeit der Osterzeit mich mit einem hartnäckigen Rheumatismus heimzusuchen, der leider trotz aller angewandten Mittel noch nicht gewichen ist. Dazu hat sich noch ein anderes Übel gesellt; denn die bis daher vorhandene Sprechkraft meiner Stimme hat merklich abgenommen, so daß ich auch das bisherige Zwei-Fünftel meiner Arbeit nicht mehr leisten kann.

„Unter diesen Umständen und überdies bei meinem hohen Alter wäre es durchaus unehrenhaft, ja, gewissenlos gegen das geistliche Wohl und Gedeihen der Gemeinde von mir gehandelt, mein Amt an ihr noch länger festzuhalten und einem tüchtigeren Mitarbeiter im Wege zu stehen. Ich lege es also nieder und gebe es in Eure Hände zurück.

„Es ist ja eine große Gnade Gottes für mich gewesen, daß ich nahe an 40 Jahre — denn am 15. Juli 1845 trat ich mein Amt bei Euch an — öffentlich und sonderlich Euch mit Wort und Sakrament dienen durfte. Und nicht minder ist es Gottes Gnade, daß ich mit gutem Gewissen sagen kann, daß ich in dieser Zeit weder Geld, noch Ehre, noch Wohlleben an und durch Euch gesucht, sondern

nach meiner herrschenden Gesinnung die Ehre Gottes und Euer ewiges Seelenheil, nach besten Kräften, in meiner Amtsführung im Auge behalten habe.

"Zugleich sage ich Euch, geliebte Brüder im HErrn, meinen herzlichen Dank, daß Ihr meine mehr als sechs= jährige Schwerhörigkeit, darin ich Euch bei den Gemeinde= versammlungen mehr eine Last und kein Träger und Hel= fer war, mit Gedult getragen habt.

"Schließlich bitte ich einen jeden, den ich, zumal in früheren Jahren, etwa mit Worten beleidigt hätte, mir um Christi willen von Herzen zu vergeben.

"Und nun befehle ich Euch dem HErrn und dem Worte seiner Gnade und bitte ihn, daß Ihr nicht bloß äußerlich an Zahl, sondern auch innerlich in einem gesun= den, kräftigen Gemeindeleben, vornehmlich durch den treuen Dienst Eures Herrn Pastors und seines etwaigen Gehilfen im Dienst am Worte, erfreulich zunehmen und eine Stadt auf dem Berge sein möget.

"Die Gnade des HErrn sei mit Euch und

Eurem

bisherigen alten Seelsorger und
Bruder in Christo
W. Sihler."

Beim Verlesen dieses Abschiedswortes des greisen, im Dienst der Gemeinde ergrauten Hirten wurde man= ches Auge feucht. Unter tiefer Bewegung der ganzen Versammlung wurde die Resignation angenommen und Dr. Sihler mit einer jährlichen Pension von 600 Dol=

lars und Überlassung des Pfarrhauses auf Lebenszeit in den Ruhestand versetzt.

Doch seine Wallfahrt hienieden sollte nicht mehr lange währen. Nach seiner Resignation nahmen seine Kräfte zusehends rasch ab, und schon am 27. Oktober desselben Jahres schlief er mit dem Scheidewort an seine Familie und Gemeinde: „Bleibet bei Christo!" ein zum ewigen Leben.

Mit der Amtsniederlegung und dem Abscheiden des langjährigen, treuverdienten Seelsorgers, Dr. W. Sihler, hat hier die Gemeinde unleugbar abermals einen neuen Abschnitt ihrer Geschichte begonnen. In Dr. Sihler und seiner durch ein Menschenalter sich erstreckenden Arbeit im Amt des Worts hat Gott dieser Gemeinde eine sonderliche Gnadengabe geschenkt. Auch er, wie Wyneken, erinnerte an die Glaubensmänner der alten Zeiten, er war ein Held Gottes, ein kühner, mannhafter Streiter für die reine lutherische Lehre wider Papst und Sekten und alle auftauchenden Irrtümer, ein Eiferer für das Haus Gottes, ein lauter, kühner Zeuge wider alles Weltwesen, alle Heuchelei und Scheinchristentum, „eine Mauer, die wider den Riß stand", ein treuer Wächter auf den Zinnen Zions, ein scharfer Gesetzesprediger, aber auch ein wahrhaft evangelischer Prediger der Gnade Gottes allen erschrockenen Sündern. Vor allem aber war er, einer der Väter unserer Synode, seiner Gemeinde ein Vater, der unter der äußeren rauhen Schale seines Wesens den süßen Kern eines Herzens voll inniger Liebe zu seiner ganzen Gemeinde trug und, ein brünstiger Fürbitter für unsere Synode und die ganze Kirche, trug er vor allem seine Gemeinde, einen

jeden Einzelnen, auf betendem Herzen. Was er der Ge=
meinde war, kann nicht besser kurz zusammengefaßt wer=
den, als in dem Schriftwort 2 Kor. 1, 12., welches in sei=
ner Gedächtnißpredigt auf ihn angewandt wurde: „Unser
Ruhm ist der, nämlich das Zeugnis unseres
Gewissens, daß wir in Einfältigkeit und
göttlicher Lauterkeit, nicht in fleischlicher
Weisheit, sondern in der Gnade Gottes auf
der Welt gewandelt haben, allermeist aber
bei euch."

Aber nun, da er, dieser ausgezeichnete Knecht Gottes, geschieden ist und mit ihm fast alle Gründer dieser Ge= meinde, „unter denen das Wort Gottes aufgekommen ist", werden wir unwillkürlich erinnert an das Wort Luthers, daß Gottes Wort selten über ein Menschenalter bleibe, daß es mit denen, die es aufgebracht, auch gemeiniglich wieder weggenommen werde.

Wohl hat Dr. Sihler, der ja ein scharf ausgeprägter Charakter, wie Wenige, war, durch seine vierzigjährige treue Arbeit seiner Gemeinde diesen seinen Charakter aufge= prägt, so daß auch er bei aller Demut dem Apostel nach von seiner Gemeinde sagen konnte: „Ihr seid unser Brief, der erkannt und gelesen wird von allen Menschen; die ihr offenbar worden seid, daß ihr ein Brief Christi seid, durch unser Predigtamt zubereitet und durch uns geschrieben, nicht mit Tinte, sondern mit dem Geist des lebendigen Gottes." Auch von unserer Gemeinde kann durch Gottes Gnade gesagt werden, daß sie, trotz mancherlei Unvoll= kommenheiten und Gebrechen, womit sie behaftet ist, als

Gemeinde dennoch „in Einfältigkeit und göttlicher Lauterkeit, nicht in fleischlicher Weisheit, sondern in der Gnade Gottes wandele".

Aber um so mehr gilt auch der St. Pauls-Gemeinde die Mahnung: „Bewahre, was dir vertrauet ist!" Ja, gerade jetzt, da diese Gemeinde auf eine von Gott überschwenglich reich gesegnete fünfzigjährige Vergangenheit blickt, in welcher nicht nur aus der einen kleinen St. Pauls-Gemeinde im Jahre 1837 im Lauf der Zeit 6 große blühende Gemeinden, 3 auf dem Lande und 3 in der Stadt, geworden sind, sondern während welcher Gott in der Muttergemeinde, sowie in den von ihr abgezweigten Gemeinden sein Wort rein und lauter erhalten hat, den Leuchter unserer Gemeinde nicht von seiner Stätte gestoßen, sondern in demselben das Licht seines Worts hat hell hineinleuchten lassen in die Lande, gilt vor allen der St. Pauls-Gemeinde die Mahnung, dies herrliche Erbe, reines Wort und unverfälschtes Sakrament, treu zu bewahren. Gerade jetzt im Jubeljahre, da die Gemeinde im Begriff steht, ein neues großes Gotteshaus zu erbauen, gilt es, nicht außer acht zu lassen das Eine, das not thut, jetzt und allezeit, nämlich, daß auch in der neuen St. Pauls-Kirche bleibe das alte Bibelwort, die alte Lutherlehre, der alte Glaube, der Glaube der Väter, und also bis in die spätesten Geschlechter bleibe die alte St. Pauls-Gemeinde.

„Halte, was du hast, daß niemand deine Krone nehme!"
Offenb. Joh. 3, 11.